¡Protege a los atunes rojos!

Grace Hansen

Abdo Kids Jumbo es una subdivisión de Abdo Kids
abdobooks.com

abdobooks.com

Published by Abdo Kids, a division of ABDO, P.O. Box 398166, Minneapolis, Minnesota 55439.

Abdo Kids Jumbo™ is a trademark and logo of Abdo Kids.

052019

092019

Spanish Translator: Maria Puchol

Photo Credits: Alamy, Getty Images, iStock, National Geographic Creative, Seapics.com, Shutterstock

Production Contributors: Teddy Borth, Jennie Forsberg, Grace Hansen

Design Contributors: Dorothy Toth, Laura Mitchell

Library of Congress Control Number: 2018968170

Publisher's Cataloging-in-Publication Data

Names: Hansen, Grace, author.

Title: ¡Protege a los atunes rojos!/ by Grace Hansen.

Other title: Help the bluefin tuna. Spanish

Description: Minneapolis, Minnesota : Abdo Kids, 2020. | Series: Pequeños activistas: especies en peligro

Identifiers: ISBN 9781532187537 (lib.bdg.) | ISBN 9781532188510 (ebook)

Subjects: LCSH: Bluefin tuna--Juvenile literature. | Wildlife recovery--Juvenile literature. | Endangered species--Juvenile literature. | Overfishing--Juvenile literature. | Fishes--Juvenile literature. | Marine environmental protection--Juvenile literature. | Spanish language materials--Juvenile literature.

Classification: DDC 333.954--dc23

Contenido

Atún rojo

Hay tres especies de atún rojo, el atún del Atlántico, el del Pacífico y el del Sur. Pueden encontrarse en los océanos de todo el mundo.

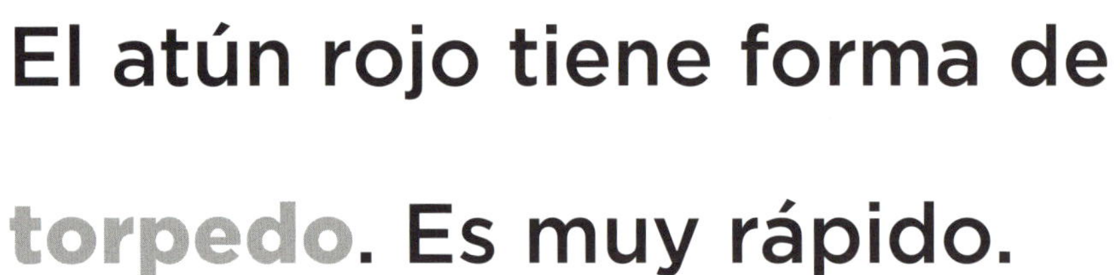

El atún rojo tiene forma de **torpedo**. Es muy rápido.

El atún rojo puede vivir entre 15 y 30 años. ¡Pueden llegar a pesar 1,500 libras (680.4 kg)!

Estado actual de conservación

En las últimas décadas, el atún rojo ha perdido más del 90% de su población. Hoy en día está considerado **en peligro de extinción**.

Amenazas

El descenso de su población se debe a la excesiva pesca. La carne del atún rojo está muy demandada.

Se pescan muchos atunes rojos cuando son demasiado jóvenes. No han tenido tiempo de **reproducirse** ni poner huevos.

Un atún rojo puede poner millones de huevos cada año. Pero muy pocos de esos huevos sobrevivirán. Los que sobreviven deben ser protegidos.

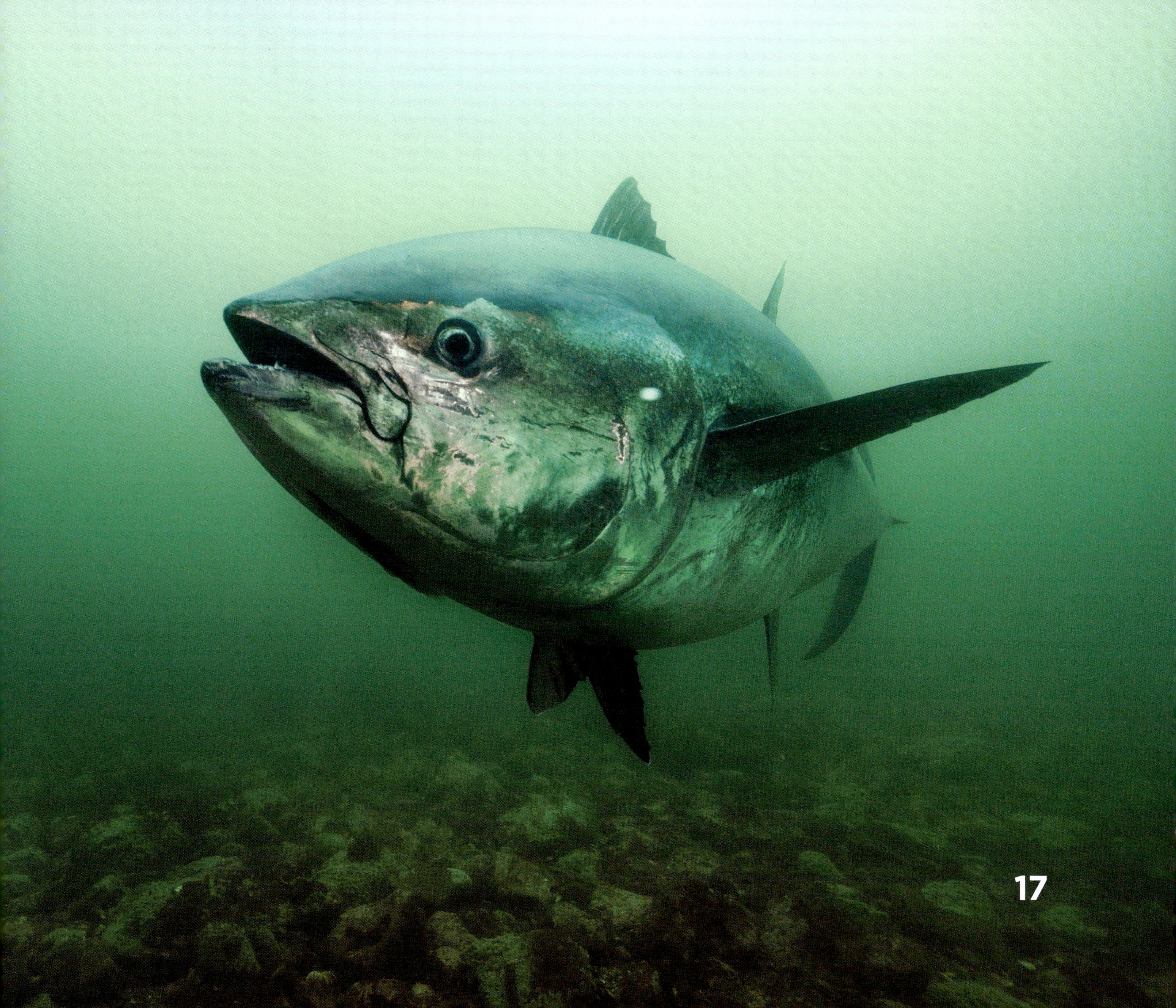

Por qué son importantes

Los atunes rojos son buenos cazadores. Son uno de los grandes **depredadores** del océano. Mantienen la vida marina equilibrada.

Los atunes rojos **migran** miles de millas cada año. Esto hace muy difícil su protección. Muchos países deben ponerse de acuerdo para detener la pesca excesiva.

En resumen

- Estado actual de conservación: **en peligro de extinción**
- Población: aproximadamente 1.6 millones de atún rojo del Pacífico (145,000 de los cuales son adultos reproductores)
- Hábitat: océanos Pacífico, Atlántico e Índico
- Mayores amenazas: pesca excesiva e ilegal

Glosario

depredador – animal que caza otros animales para comérselos.

en peligro de extinción – probabilidad de desaparecer.

especie – grupo de seres vivos que son semejantes y pueden reproducirse juntos.

migrar – moverse de un lugar a otro.

reproducirse – producir más de una especie, fertilizar huevos.

torpedo – misil largo que tiene la forma de puro y se usa para destruir barcos.

Índice

¡Visita nuestra página **abdokids.com** y usa este código para tener acceso a juegos, manualidades, videos y mucho más!